Gioconda Belli

Aus einer Rippe Evas

Gedichte

*Aus dem nicaraguanischen Spanisch
von Dagmar Ploetz und
Anneliese Schwarzer de Ruiz*

Peter Hammer Verlag

Originaltitel: Gioconda Belli, *De la Costilla de Eva*
Letras de Nicaragua/ 24. Editorial Nueva Nicaragua,
Managua 1987

Die Gedichte »Relativitätsgeheimnis«, »Im Aquarium der Liebe«, »Im Keller«, »Workout«, »Zeichen im Sand«, »Zusammenhang«, »Was ist. Was hätte sein können.«, »Anmerkung für die Zeit des Alterns«, »Der Mensch und das Universum« sind in »De la Costilla de Eva« nicht enthalten, sondern in dieser Sammlung erstmals veröffentlicht.

Die Gedichte »Dauer«, »Lebte ich nicht«, »Einfache Wünsche«, »Rückgabe«, »Dauer des Unterschlupfs«, »Liebe in zwei Tempi«, »Alle zusammen«, »Die Träger der Träume«, »Es geschah bei einem Sonntagsausflug an den Strand« wurden von Dagmar Ploetz übersetzt, alle anderen Texte von Anneliese Schwarzer de Ruiz.

CIP-Titelaufnahme der Deutschen Bibliothek

Belli, Gioconda:
Aus einer Rippe Evas: Gedichte / Gioconda Belli.
Aus d. nicaraguan. Span. von Dagmar Ploetz u.
Anneliese Schwarzer de Ruiz. – Wuppertal: Hammer, 1989
Einheitssacht. De la Costilla de Eva <dt.>
ISBN 3-87294-402-9

© Gioconda Belli
© Peter Hammer Verlag, Wuppertal 1989
Alle Rechte in deutscher Sprache ausdrücklich vorbehalten.
Einbandgestaltung: Magdalene Krumbeck, unter Verwendung
eines Fotos von Maria Mortison
Gesamtherstellung: Ebner Ulm
ISBN 3-87294-402-9

AUS EINER RIPPE EVAS

INHALT

Von der Flucht 9

Erinnerung 11
Beschwörung 12
Dauer 14
Diese Sehnsucht 16
Bitte 18
In Memoriam 20
Ohne Worte 23
Aus dem Tagebuch der Ariadne 25

Von der Wiedergeburt 27

Nachtwache 28
Ahnung 30
Geburten 32
Begrüßung der Sonnenfinsternis in Kriegszeiten 34
Hexeneinmaleins zum Träumen 36
Zeichen 38
Dies ist das Leben mit seinen Widersprüchen 40
Lebte ich nicht 42
Definition 44
Anrufung des Lächelns 46
Einfache Wünsche 47
Ereignisse 49
Rückgabe 50
Dauer des Unterschlupfes 51
Zerzauste Bäume 55

Übergangsprobleme   57
Gestern nacht   59
Tanz der Furien   60
Grenzen   63
Halluzinationen   65
Liebe in zwei Tempi   67
Oktober   69
Ein Rest Angst   70
Kleine Schule der Erotik   73
Relativitätsgeheimnis   76
Im Aquarium der Liebe   78
Im Keller   79

Feuerschwerter, Träume und Äpfel   81

Nicaragua Wasser Feuer   83
Bruder Soldat   87
Kampfmonat Mai   89
Und es schließen sich die Fenster der Villen   90
Alle zusammen   91
Für Juan Gelman   93
Die Träger der Träume   95
Es geschah bei einem Sonntagsausflug an den Strand   100
Abschied in Kriegszeiten   102
Work out   103
Zeichen im Sand   105
Zusammenhang   109
Was ist. Was hätte sein können.   112
Anmerkungen für die Zeit des Alterns   115
Der Mensch und das Universum   117

VON DER FLUCHT

... und was wir Liebe nannten, war vielleicht, daß ich mit einer gelben Blume in der Hand vor dir stand, und du trugst zwei grüne Kerzen, und die Zeit blies uns einen langsamen Regen aus Verzicht und Abschied ins Gesicht ...

**Julio Cortazar, Rayuela
(Oliveira, Kapitel 1)**

Erinnerung

Verstreut lagen
die Blüten des großen Baumes
dessen Namen ich nicht kenne,
des Baumes der rot aufblüht
am Abend,
an den Abenden da die Erinnerung an dich
mein Blut durchströmt in einem großen Strom
so wie die roten Blüten
auffliegen über Dächer und Menschen,
sich niederlassen auf Wassergräben,
auf der Zeit,
oder auf jenem Brunnen, mein Geliebter,
auf jenem Brunnen ...

BESCHWÖRUNG

Werde ich dich finden, Zauberer?

Werde ich noch einmal weinen,
das Gesicht versteckt auf den Knien?

Kehren wir noch einmal zurück zu den Flughäfen
ohne Wartesäle
von denen wir aufflogen wie Vögel
ergriffen von der Zeit und von letzten Blicken?

Lasse ich dich wieder allein in der letzten Nacht
                                             des Jahres
allein hinter zugeschlagenen Türen
hinter denen ich verschwand mit meinen Büchern
oder reisen wir zusammen, Verschworene im
                                             Geheimnis,
uns liebend und hassend
auf einer Terrasse
unter buntem Feuerwerk?

Werde ich dich finden, wenn ich wiederkehre
von irgendwoher
und unsere nasse Liebe der Verzweiflung beweine?

Wirst du mir glauben wenn ich dir sage
ich wollte die Scheherezade deiner Nächte sein
damit du mir nie das Haupt abschlügest?

Ich finde dich, Zauberer,
eines unvorhergesehenen, unvorherbedachten Tages
unter den Menschen deiner Straße
oder der meinen
noch mit der gleichen Sehnsucht in den Fingerspitzen
voll schmerzender Lust, den Zauber zu zerbrechen
mit dem wir uns belegten
und die Zeit die wir zerstörten
– uns nicht zu sehen, um uns fern zu wähnen –
fern, wo doch das Auge das nicht täuscht
dich in allen Fenstern des Lebens spiegelt,
in den Pfützen, den Lampen, der Müdigkeit,
in den Nächten, angefüllt mit deinem Gespenst,
einem Gespenst das mich liebt
wie ein entlaufener Irrer inmitten der Revolution
immer und ewig
immer, Zauberer
immer.

DAUER

Hart zu sagen:
Ich liebe dich,
Schau wie viel Zeit, Anspruch, Abstand
ich vor das Entsetzen dieses Worts gelegt habe,
ein Wort wie eine Schlange
nähert sich geräuschlos, kreist ein,
wird abgewiesen, einmal, zwei, drei, vier, viele Male
verjagt wie ein böser Gedanke,
eine Schwäche,
ein Fehltritt,
etwas, das wir uns nicht erlauben können

   – dieses erste Beben
   das uns dem Weltenanfang nähert
   der elementaren Sprache des Tastens, der
   Berührung,
   das Dunkel der Höhle
   der Mann und die Frau
   sie lecken sich im Entsetzen des Donners –

Erkennen,
vor dem Spiegel,
die Spur,
die Abwesenheit verflochtener Körper, die zueinander
sprechen.
Fühlen, es gibt
eine wilde Liebe

im Käfig vernünftiger Gründe
zum Verhungern verdammt,
keinem anderen gibt sie sich hin
besessen von einem unabwendbaren Gesicht.

Tage hinter sich bringen,
die Hand heben
für die Geste des Wiedersehens und bereuen.
Nicht gegen die Angst ankommen,
die Feigheit,
die Furcht vor dem Klang der Stimme.
Flüchten wie ein Hirsch, aufgeschreckt vom eigenen
                                                       Herzen,
schweigend einen Namen schreien
und für Lärm sorgen,
sich mit anderen Stimmen anfüllen,
nur um uns weiter zu zerreißen
und das Grauen zu vermehren
über den Verlust des Himmels auf immer.

Diese Sehnsucht

Dieser Traum den ich lebe,
diese Sehnsucht mit Vor- und Zunamen
dieser Wirbelsturm, gefangen in meinen bebenden
                                          Knochen
der heulend seinen Weg durch mein Blut beklagt . . .

Ich kann die Zeit nicht verlassen und ihre Verstecke,
das Tal meiner Tage
ist voll namenloser Schatten,
ich gehe in die Einsamkeit wie eine arme Seele
bar aller Vernunft,
Heldin verlorener Schlachten
und wasserloser Krüge.
Ich sinke ein in meinen Körper,
verblute mich in die Venen,
ich kämpfe gegen den Wind,
gegen die Haut, die an meiner klebt.

Was soll ich tun mit meinem Geisterschloß
mit den Sternschnuppen, die mich belagern
da die Sonne mich blendet
– ich sehe nur ihre gelbe Scheibe –
und ihr goldener Schweif mir die Hand leckt
mir die Nächte durchpflügt,
mich entlebt
und mir Unheil bringt . . .

Ich werde mich den Wirbelstürmen überantworten
um so entfernt wie möglich
dies brennende Licht zu durchqueren.
Ich sterbe vor Kälte.

BITTE

Kleide mich in Liebe
denn ich bin nackt,
bin unbewohnte Stadt,
benommen von Lärm
taub von Trillern,
trockenes Blatt im März.

Umhülle mich mit Freude,
ich wurde nicht geboren um traurig zu sein,
die Traurigkeit ist mir zu weit
wie ein fremdes Kleid.

Ich will wieder brennen,
den salzigen Geschmack der Tränen vergessen,
die Löcher in den Lilien,
die tote Taube auf dem Balkon.

Noch einmal mich wiegen im wehenden Wind
schäumende Welle
Meer über den Klippen meiner Kindheit
Sterne in den Händen
lachende Lampe auf dem Weg zum Spiegel
in dem ich mich wieder schaue
heilen Leibes
beschützt
an die Hand genommen
vom Licht

von grüner Wiese und Vulkanen
das Haar voller Spatzen.
Schmetterlinge sprießen aus meinen Fingern
Luft nistet in den Zähnen
und kehrt zurück zur Ordnung
des Universums bewohnt von Zentauren.
Kleide mich in Liebe
denn ich bin nackt.

In Memoriam

Wie ein riesiger Dom
rauchgeschwängert von Zeit und Pilgern
buntfenstrig
umsäumt von Moos und duftenden Veilchen
zelebriere ich diese Nacht für dich
eine Gedenkmesse
warmleuchtende Lampe.

Durch die dunkelsten Gänge meiner inneren Mauern
durch verschlungene Labyrinthe
verschlossener Türen
und vergitterter Fenster
schreite ich deinem Schatten entgegen.
Dein Bild gekleidet in Mönchsgewänder
erwartet mich im Vorhof der Erinnerung
neben dem verschlossenen Brunnen.

Schleppend trage ich das lange Gewand der
                                              Gefangenschaft
Ich weiß nicht ob mein schweigendes Schreiten dir
                                                        verrät
daß mein Herz eine Kerze ist
und in meinen Augen sich der schwere Honig
meines Blutes spiegelt.

In dem runden Raum der Zeit
dieser Nacht, in der ich deinen Namen rufe

hebe ich langsam das Hemd das still das Geheimnis
                                                        hütet
und offenbare dir den Altar der Seufzer,
den gemeißelten Schrein in dem ich deine Gebärden
                                                        bewahre
die rosenduftende Beschwörung die meine Knochen
                                                       schwängert.
Mein Körper, dein stetiger Raum,
deine weichwandige Wohnung.

Vielleicht hast du vergessen
wie du einmal sein Innerstes bewohntest,
seine vergitterte Zelle,
doch er bewahrt das Flüstern und den Gesang.
Ein Funke, und das Totgeglaubte lebt,
was du schlafend wähntest, erwacht.

So zelebriere ich diese Auferstehung,
diese Wintermesse,
offen, meine Blüten wie Limonen.
Ich springe dich an mit meiner gefangenen Liebe,
begraben unter Tagen und stählernen Stangen,
versunken unter Wasserblüten
versteckt in unterirdischen Archiven,
gesteinigt, geächtet, tausendmal verleugnet,
ein heiler Dornbusch der nicht verbrennt,
zarte Festung bewahrt in meinem Blut.

Dann stelle ich sie wieder an ihren Platz,
schließe sie ein in ihren Käfig im Apfelgarten

und lasse sie wieder erblinden, verurteile sie wieder
zum Schweigen.

Morgen dann, morgen
habe ich wieder vergessen
daß du, in Trauer gekleidet,
mich noch einmal bewohntest
und ich die Frau war, die dich rief
ohne Antwort.

Ohne Worte

Ich erfand einen Baum, einen großen Baum,
größer als ein Mann,
größer als ein Haus,
größer als die letzte Hoffnung.

Jahrelang
wohnte ich unter seinem Schatten
und wartete auf ein Wort.
Ich sang ihm Lieder,
umarmte ihn,
kratzte an seiner rauhen Rinde.
Mein Lachen brach Blüten aus seinen Zweigen,
jede meiner Bewegungen lockte
neue Blätter und Früchte hervor . . .
Er war mein wie nie zuvor etwas mein war
doch er sprach nicht mit mir.
Ich lauschte auf seine Geräusche,
ich hörte sein Schmetterlingsrauschen
und sein Urwaldkrachen,
ich erträumte mir seine Stimme wie süßes Singen,
doch er sprach nicht mit mir.

Nächtelang weinte ich zu seinen Füßen,
an die Wurzeln gekauert,
ich fühlte seine Arme
und sah ihn hoch über mir,
ich wußte, daß er mich dachte.

Doch er sprach nicht mit mir ...

Ich lernte singen wie ein Vogel,
leuchten wie ein Glühwürmchen,
wiehern wie ein Pferd.
Von Zeit zu Zeit übermannte mich der Zorn, so daß
alle seine Blätter fielen
und er nackt dastand und beschämt
vor den laubreichen Guanacastes,
denn ich hoffte, er würde vielleicht
wenn nicht im Guten, so im Bösen lernen
wie manche Männer
Doch er sprach nicht mit mir.

Ich lernte so viele Sprachen für ihn,
ich entkleidete mich so vieler anderer Dinge,
daß ich vergaß wie ich hieß
und woher ich kam,
bis ich nicht mehr wußte,
ob ich Tier war oder Mensch
und stumm und immergrün
– voller Hoffnung –
hängen blieb in seinen Zweigen.

Aus dem Tagebuch der Ariadne

Ich wurde dem Labyrinth von Kreta überantwortet,
denn man wußte, daß ich verliebt war in den
                                        Minotaurus.
Nun bin ich gefangen tief in der Höhle,
in einer Spalte wo er mich nicht findet.

Minos ist so nah
daß ich seinen Atem höre.
Er sucht mich nicht, denn er weiß mich
als Gefangene seines Rätsels,
das er sorgsam spann, mich zu fangen.
Ich kenne ihn, auch wenn ich ihn unbegreife,
ihn liebe und gleichermaßen hasse.
Die Gewitterflut seines Lärms
hält mich schlaflos in der Nacht.
Ich sehe das Licht, das den Ausgang erhellt
und möchte heraus,
dir zeigen, Theseus, den wunden Punkt.
Doch ich fürchte, ich warte
hier in der Höhle der Zeit
unsichtbar, durchsichtig
verdächtig berechnend,
ihn vor dir zu schützen, Theseus,
der du mich rufst: Ariadne, Ariadne,
damit ich dir den glänzenden Faden überreiche, mit
                                        dem du ihn für immer
aus dem Labyrinth meines Lebens entfernst.

VON DER WIEDERGEBURT

... denn die Welt ist nichts mehr wert wenn man sich ordnet wie eine Kommodenschublade ...

**Julio Cortazar, Rayuela
(La Maga, Kapitel III)**

Nachtwache

Einer nach dem anderen häufen sich die Tage des
                                            Lebens.
Gehen vorüber. Folgen einander.
Ich bin es, die Hoffnung baut auf dem Gras.
Die nackt ist noch rosig und warm.
Dort liegen die Hügel meiner tändelnden Schritte.
Die Bäche und Täler des Schwärmens unter dem
                                            Regen.
Gesichter ziehen vorüber die einmal
hocherhoben wie Lampen
mein Antlitz erhellten und mich bevölkerten mit
                                            Symbolen
und neuen Wörtern.
Gedichte fliegen wie Taubenschwärme
über Köpfe.
Dies alles betrachte ich aus meiner jungfräulichen
                                            Zelle
die niemand betritt.
Am Ende der Begegnung mit der Welt der Träume
erwachte ich mit einem Ahnen von Jubel.
Doch niemand umarmte meinen Körper und blies
mir Zärtlichkeit ins Ohr.
Dennoch bin ich glücklich.
Ich sehe Leiber geschwollen von kommendem Leben
Die Felder gepflügt.

Es ist die Zeit des Besinnens und ich webe einen
                                            Traum

weil ich lernte daß Träume möglich sind.
Ich schreibe alte Manuskripte und erfinde
eine neue Geschichte der Welt.
Dies ist das gelobte Land aus dem sie uns vertrieben.
Himmlische Scharen. Engelschöre
beschützen die Bewohner des Paradieses
damit sie die Entbehrungen ertragen
und nicht vom Apfel des Verderbens essen.
Man hat mir die Lampe der klugen Jungfrauen
                                              übergeben
doch auch die Visionen der Wälder
in denen das Einhorn haust.

Doch der Geliebte kommt noch nicht.
Manchmal ist es als sähe ich seinen nahenden Schatten
und hörte seine Stimme die sich laut erhebt
die Mauern einzureißen welche die Liebe umgeben.

Man sagt, die Beharrlichkeit sei die Tugend
der Sieger.
Die Geduld sicherer Schild gegen die Täuschung
falscher Träume.
So drehe ich die Sanduhr
und male auf lange Pergamente das Wesen
meines Glücks.
Das Erwartete wird kommen
aus Nebel und Rauch
wird Mensch werden und mich bewohnen
plötzlich greifbar inmitten der Menge
endlicher Hafen meiner Stürme
von Ewigkeit zu Ewigkeit

Ahnung

Ich fürchte deine Augen.
Sie schlagen die stummen Saiten meines Gesangs
scheuchen Vögel auf
vor den verschlossenen Türen des Vergessens
wecken Gespenster
in der schützenden Festung die ich hartnäckig baute
damit nichts mich berührte
noch durchquerte
den Graben meiner Tränen.

Ein kleines Licht durchdrang
die Schwelle des Schattens
Deine Augen suchen mich
und die meinen lachen
es lacht mein Körper von innen.

Ich verneine dich
und spüre doch Glück.
Unentschlossen, oberflächlich, alleswissend
seziere ich den neuen Klang in den Adern
überquere den Fluß ehe die Brücke gebaut ist
addiere und subtrahiere mögliche Tränen
mögliches Lachen
während du
auch spröde vor Angst
überlegst, die Zahl errechnest
die Trompeten putzt

die vielleicht
mit Donnergetöse
die Mauern von Jericho zerbrechen

Geburten

Ich baue mich auf aus langsamen stillen
    Ereignissen
wie diesem daß du mein Leben betratest
durch eine Tür aus Bäumen und Mittagssonne
um mich anzuschauen wie jemand der begreift
was das Herz kaum stammelt.
Um mir das Lachen zu bringen und mit mir
die Malinchenbäume zu teilen
oder die schweifenden Nebel der Kindheit
in einem Garten der das Echo eines Brunnens bewahrt
und die Spiele eines kleinen Mädchens
zwischen Blumen.
Es gibt keinen Mittler zwischen uns.
Nicht einmal die Zeit pulst im flüchtigen Kuß
noch im heißen Begegnen der Haut
Wir leben einen Augenblick in dem die Welt
sich über der Stimme dreht.
Leuchtende Trägheit im nächtlichen Park
ein Bier dessen Schaum langsam
unter Worten zerfällt
unerwartet quellender Honig
wenn ich vom Regen spreche
oder du Zauberlagunen aufsteigen siehst
aus dem Grund der Vulkane.
Jeder bewahrt sein Geheimnis
doch die Berührung verdrängt die Fremdheit
die Verstecke deiner Augen

sperren die Vergänglichkeit aus
die keiner beschwören will.
Denn hier sind wir heute.
In diese Minute paßt das Weltall
und das Weltall hängt an den Zacken eines Sterns

dessen Bahn wir nicht kennen.

Begrüssung der Sonnenfinsternis in Kriegeszeiten

    Von einem Stern dessen Bahn ich nicht
        kenne
    steigt die Ankündigung der Finsternis
        empor
    einer Sonnenfinsternis
        damit die Gezeiten ihren Rhythmus
        finden
    und ein neues leuchtendes Antlitz
        am Firmament sich erhebt
    zur Freude der Algen, Fische, Korallenriffe
        und des Wasserleibes meines Weltalls.

Erhebe dich Jungfrau
schon tönten die Trompeten von Jericho
bald fallen dumpf deine Mauern
und es bleibt
nur der Staub der Erinnerung.

Befreit ersteht die heimliche Stadt
wieder Lärm und festliches Treiben im Herzen

Erhebe dich und fürchte weder Feuer noch Krieg
denn wie aus Trümmern laut aufsteigt das Lied
wie aus Ruinen dein Lächeln ergrünt unter neuen
                                        Alleen

so wird dieser zarte gefährdete Stern
die Belagerung der Feinde durchbrechen
die Zeit überschreiten
und immerwährend kreisen
in der Ewigkeit der ersten Blicke der Helden.

Hexeneinmaleins zum Träumen

Ich wollte ich hätte einen Zauber erfunden
einen Zauber der dir mitten aus der Brust
einen Begonienstrauß sprießen läßt.

Und ich wollte ich könnte, ich möchte
einen Trick erfinden
der aus deinen Augen auf die meinen
Nachtigallenflügel tropfen läßt
und dicken lautströmenden Honig.

Ich wollte ich könnte, ich möchte
dich Adam erschaffen für die einzig mögliche Eva der
                                                                              Welt
vielleicht auch dich träumen
beim hartnäckigen Malen meines Schattens in den
                                                                              Sand.

Ich möchte dir zeigen daß der Horizont
durchaus aufgehen kann wie ein riesiger Vorhang
und es möglich ist sich über den Rand der Welt zu
                                                                            beugen
wo das Leuchten einer Sonnenblume
die Blüten des Tages erhellt.

Ich möchte daß mein Magierhut
dieser Träumer von Mirakeln und zärtlichen
                                                                          Wünschen

ein ganz gewöhnlicher Teller wär
aus dem wir zwei das Lachen füttern.

Ich möchte so viele Dinge verwandeln
stumme Entfernungen die mir die Türen
warmer endloser Stunden verschließen.
Und weil ich möchte was ich möchte
irre ich träumend Dulcinea
Quichotin blasend auf Windmühlenflügel
unerlöst für die Liebe
ohne Kompaß noch andere Instrumente
den Flug der Vögelin zu leiten
verliebt
in den klingenden
süßen
Sturm
deiner Worte.

ZEICHEN

> *Es ist die Liebe; ich muß mich verstecken*
> *oder fliehen.*
> Jorge Luis Borges

Langsames
gewaltiges
dröhnendes
Blätterzittern
im undurchdringlichen Dschungel meiner Dornen.
Meine Knochen befallen von Zärtlichkeit.
Süße Wasserwelle
bricht sich auf dem Grund meiner Brust
schwillt an
und läuft wieder aus
Schaum
auf meinem Herzen.

Es ist die Liebe mit ihren warmen Winden
die beharrlich mein nächtliches Ufer netzen.
Es ist die Liebe mit ihrem langen Algenkleid
das sich in meinem Namen verfängt,
meinem Verstand, meinen Unmöglichkeiten.
Salzige nasse Liebe
die sich bricht an den Felsen
ungerührter vergangener Härte.
Langsam steigende Flut
höher und höher an den steinigen Kanten meiner
                                                  Hände.

Eisiges Weltall
und Mutterleib still pulsenden Lebens.

Bäume im Abendlicht
roter Sonnenuntergang in Blau
Mond am Himmel wie reife Frucht.

Es ist Schrecken
und nackte Angst die Tür zu öffnen
und mitwandern zu müssen im Schwarm
der Sterne auf der Suche nach Licht
wie nächtlich schweifende Schmetterlinge
Es ist schwarze Finsternis
leere Nova im Universum.
Es ist deine Stimme wie ein Hauch
das Dröhnen der Tage die den Weg deines Lebens
                                    nicht kennen.
Es ist das Wort das allen Zauber beschwört
Peitsche auf meinem Rücken am Rand der Sonne
das Wort das mit heimlichen Zeichen
die Zeit aus den Fugen hebt
frei von Zufall und Logik
wahnsinniges Wort, Schwert.
Wirbel der in lauer Erinnerung wühlt
friedlich bewahrt auf dem Dachboden der Träume.
Bildsäulen die plötzlich zum Leben erwachen
lila Kobolde die aus Blumen sprechen
und Kriegslieder pfeifen, begleitet von Trommeln,
schrecklich die langen spitzen Pantoffeln,
entsetzlich ihr Hohngelächter
während ich vergeblich
verbissen, zornig, machtlos
mein Erschrecken schreiend
diesen letzten schützenden Graben grabe.

Dies ist das Leben mit seinen Widersprüchen

Mein Herz wurde wiedergeboren
aus hohen Bergen
aus Schmelzfeuer
aus Spatzen
aus spiegelnden Monden.
Denn der Kampf ist ein Hohes Lied
und wenn ich irre, kann ich lernen
und wenn ich nackt bin, mich in Liebe kleiden
und wenn stumm, die Sprache erwerben
es kommt nur darauf an die Seen zu betrachten
die das Leben säumen
ihre Fische zu greifen
sanft die Algen zu entfernen
die sich einmal in den Haaren verfingen
und seinen Weg zu gehen
im Schmetterlingsflug.

Diese Zeit der Tode
ist auch die Zeit das Leben zu achten
den Ekel zu bekämpfen
gegen Laster zu streiten und schlechte
       Angewohnheiten auszurotten,
die Zeit, uns zu läutern wie Schmelzkristall
in diesem reinen Feuer der Revolution
sie liebend zu umarmen

sie anzunehmen mit offenen Poren
uns diesem Leben zu öffnen das wir wählten
uns zu finden in unserer Kleinheit und Größe
voller Vertrauen wie Kinder im Morgenlicht.

Es ist auch die Zeit
ohne Unterlaß
den Amboß der Schmiede zu schlagen
selbst wenn uns zuweilen die Arme schmerzen
und das Hämmern uns schreckt
oder der Blick in die Seele
wo noch so viel ist von dem was wir ausgelöscht
                                                    wähnten.

Dies ist das Leben mit seinen Widersprüchen
die Müdigkeit nach dem Erwachen
die Wunden der Zeit die uns zeichnen
die Wunden des Krieges die uns fehlen
alles was wir überlebten um zu überleben
in diesen Tagen
an denen das bedrohte Vaterland
uns Gedichte schreibt
von Gesichtern, Gewehren, Händen
die uns ansehen als ob sie sagten:
Und was tust du, Bruder
während ich sterbe?

Lebte ich nicht

Lebte ich nicht in einem bedrohten Land
das von Tod umgeben uns Leben gibt.

Glaubte ich nicht an die Kraft der Gedanken
meinte gar, sie seien nur nützlich
als Turnübung fürs Hirn.

Erwachte ich nicht jeden Morgen
mit etwas weniger,
etwas, das nicht mehr da ist:
– die Seife, die Glühbirnen, die Milch –
und wüßte ich nicht, daß ich mir in Zukunft
sogar das Licht werde erfinden müssen
und zufrieden zurückkehren
zum Einfachen und Guten,
das in jedem Haus ist
in jedem Herzen.

Schritte ich nicht täglich
auf des Messers Schneide, das die Wolken
des Himmels von der Hölle trennt
und wäre eine Frau aus Leinen in einem gebügelten,
                                  entwickelten Land,
angefüllt mit all dem, was hier uns fehlt . . .

Gewiß
wäre ich an dir vorübergegangen,

ich hätte dich nicht gesehen,
du hättest mich nicht gesehen.

Gewiß ist
weder du
noch ich
säßen jetzt hier,
schauten uns an,
berührten uns
und streichelten
wie ein Kind
die Zeit.

Definitionen

Wir könnten über Liebe sprechen.
Ich würde dir sagen,
mir gefällt die seltsame Art
in der dein Körper und meiner sich kennen
Pfadfinder die noch einmal
den uralten Weg der Erkenntnis erforschen.

Ich würde dir sagen
ich liebe dein Haut
und meine Haut liebt dich
deinen versteckten Turm
der sich plötzlich erhebt
und erzittert in mir
auf der Suche nach der Frau
die im tiefsten Innern meiner Weiblichkeit nistet.

Und ich würde dir sagen
ich liebe deine Augen
die rein sind und mich gleichfalls durchdringen
zart oder mit einem Hauch von Fragen.

Ich würde dir sagen
ich liebe deine Stimme
vor allem wenn sie Gedichte spricht
doch auch wenn du ernst klingst
so bemüht diese Welt zu verstehen
die weit ist und fremd.

Ich würde dir sagen
ich liebe, wenn ich dich sehe,
das Schmetterlingsflattern in meinem Magen
die Lust zu lachen
aus Freude daß ich bin und es dich gibt
und daß ich weiß, dir gefallen die Wolken
und die kalte Luft der Wälder von Matagalpa.

Wir könnten darüber sprechen
ob dies alles ernst ist was ich dir sage.
Ob die Verbrennung leicht ist
zweiten dritten oder ersten Grades
Ob man die Dinge beim Namen nennen muß oder
                                                             nicht.
Ich sage dir nur diesen einzigen Satz:
Ich liebe dich.

Anrufung des Lächelns

Schenk mir aus deinem Schlaf
zärtliches Tasten
schenk mir das Himbeereis deines Lächelns
schenk mir das langsame Streicheln deiner Hände.

Ich gebe dir Vögel dafür
die deinen Namen singen
von den Wipfeln der Bäume.
Ich gebe dir Ananas, Sapote und Mispel
und flechte dir Mais ins Haar.
Ich bitte die Götter unserer Ahnen
Gewitter zu schicken:
ängstlich Hand in Hand wollen wir
die Gewalt der Blitze betrachten
Ich webe Träume aus Zweigen und Gräsern
und berühre die Felsen:
Wasser soll strömen in dem wir uns baden.
Ich singe Gedichte und Lieder
mein Geliebter
sobald du mich ansiehst
sobald du den Vorhang deines Schlafes zerreißt
und ich mein Himbeereis
von deinen Lippen schlürfe.

Einfache Wünsche

Heute wünschte ich mir deine Finger, Geschichten
sollten sie
     mir ins Haar schreiben
und Küsse auf den Rücken hätte ich gern
Gekuschel
die größten Wahrheiten solltest du mir sagen
oder die größten Lügen
zum Beispiel
daß ich die schönste Frau der Welt bin
daß du mich sehr liebst
solche Sachen,
so etwas,
so oft wiederholt,
daß du mein Gesicht nachzeichnest
und mir dann in die Augen schaust
als hinge dein Leben ganz davon ab, daß sie lächeln
und alle Möwen in der Gischt aufstören
so etwas möchte ich, meinen Körper sollst du begehen
den bebuschten, duftenden Weg,
der erste Winterregen sollst du sein
sacht dich fallen lassen
dann ein Wolkenbruch.
So etwas möcht ich, wie eine große Welle Zärtlichkeit,
die mich auflöst
das Rauschen eines Schneckengehäuses
ein Schwarm Fische im Mund
etwas davon

zart und nackt
wie eine Blume, die sich dem ersten Morgenlicht
                                    hingeben will
oder einfach ein Samen, ein Baum,
ein wenig Gras
ein Streicheln, das mich vergessen läßt
die verstreichende Zeit
den Krieg
die Gefahren des Todes.

Ereignisse

Welle sein
schäumend im sanften
Murmeln deines Blutes

Dämmern am Rand deines Seins
kauern, das Haar zerfließend an deiner Schulter
gehalten vom Streicheln deiner Hand

Sprachlos flüstern
längstgesagte Worte
altbekannt seit der ersten Paarung
eines Mannes und einer Frau
die einer im anderen
die Welt entdecken.

Sanftes Tier sein
das dich sucht mit offenen Augen
und denkt das Leben ist schön
und stark und unerwartet neu.

Rückgabe

> *Laß, Eros, ich flehe dich an, mein Herz in*
> *Frieden: Such dir einen anderen Teil meines*
> *Körpers.*
> Griechisches Epigramm

Gib mir mein Herz zurück, Reisender.
Du gehst – sagst du mir –,
auf geflügeltem Pegasus wirst du dich entfernen
und wirst nur einsame Nächte um mich zurücklassen.
Darum, bevor du hinter den Wegesknick
                               verschwindest,
mußt du das Herz mir wieder in die Brust setzen.
Wage nicht, es im Gepäck versteckt mitzunehmen
von dem Wunsch verleitet, es streicheln zu können
wenn du herausfindest, du findest kein anderes
so rot, so liebend, so voller Lieder für dich.
Du mußt mir das rote Licht zurückgeben
es wird andere Wanderwege meiner Brust beleuchten.
Du mußt es mir schlagend zurücklassen, verpflanzt,
ein wenig krank sicherlich,
doch lebendig und auf Leben pochend.

Ich werde meine schmalen Füße in ein Tuch schlagen.
Ich gebe sie dir, damit sie, unruhig, dir folgen,
damit sie dir meinen ganzen Körper zurückbringen
falls du einmal Tropen brauchst und Herz der Sonne
wenn Kälte und Neonlicht
wie feindliche Heere dich umzingeln.

Dauer des Unterschlupfs

Eine magische Stadt, meine Stadt,
ein weißes Pferd überquert langsam die große Straße
gleich nach Einbruch der Nacht.
(Schattig der Park und die Gebäude,
errichtet inmitten von Schutt.)

Ich komme aus dem Kino.
Bilder, in denen ich unsere Geschichte erkennen kann.
Zwei Stunden lang habe ich dich, habe ich mich
                              gesehen,
habe dir, unvermeidbar fast, Lebewohl gesagt.
Nur der Liebe hätte die Rettung gelingen können,
nur die Liebe hätte das Wunder vollbracht.
Die schwierige und angefochtene Liebe
ebenso real
wie die der Amerikanerin und des Kommunisten,
kein Kunstgriff frisierte die Wirklichkeit auf Zelluloid
da war das Paar, sein Alltag, seine Kämpfe,
der innere Kampf gegen die Routine, gegen
                              Störenfriede,
das Miteinander, wie man es sich wünscht,
gegen das, was es tatsächlich ist,
– zwei Menschenwesen, wehrlos doch schön
beisammen in einer Regennacht,
sanft gefangen der eine im andren,
jeder des anderen Dach,
jeder Schirm, Unterschlupf des anderen,

trotz der Tränen und Schreie,
da liegen sie auf dem Bett, umarmt, schweigend,
während draußen der Regen fällt –
und im Spiegel die Freundinnen sprechen von der
                                    Befreiung der Frau
und wie der Mann sein müßte
jener Mann, den sie umarmt
und der nichts ist, als er selbst,
der, den sie liebt,
nicht der Ideale, der Geliebte jedoch.

Du und ich,
auch wir gefangen im Raum unserer Blicke.
In der Welt, draußen, fällt Kugelregen
wir sind zusammen
Wesen, deren Haut es übernimmt, Unvereinbares zu
                                    vereinbaren
– wir sagten, wir würden die Gegenwart leben –.

Die Bilder bringen mich auf die Frage:
Was wird sein
wo werden wir uns begegnen
wer wird deinen, meinen Körper ersetzen
wenn wir uns voneinander weg bewegen
und uns eines Tages an irgendeinem Flughafen
                                    verabschieden
und so tun, als sei nichts,
– so sei das Leben eben,
wir wollten eine Zeitlang zusammen sein
und dann sollte man sehen –
wir würden wieder leben,

fänden ...
Was werden wir finden?
Welche Haut wird diese Musik aus mir holen, die
      deine Hände hervorlocken,
mit wem werde ich diskutieren, streiten, sprechen
bis es zu spät ist, ins Büro zu gehen,
bis zur Schlaflosigkeit, bis zur Ermattung,
als gingen die Worte nie aus und als gäbe es immer
      etwas Neues zu sagen?
Wer wird deine Augen mir wiedergeben
den lachenden Verschwörerblick
Körper, sie schlafen unterm Fenster in der Nacht,
sie kitzeln einander
Dieses Paar und die Liebe, sie verachten die
      Unvernunft der Welt,
fordern sie heraus,
vereint gegen die Prophezeiungen,
gegen den Krieg und das Absurde,
Unterschlupf vor der Atombombe.

Dieses Paar, das in seiner modernen Höhle kauert,
den Dinosauriern fern.
Und das wird es eines Tages nicht mehr geben,
nur noch ein Schatten, der mich begleitet?
(... ach, aber dein Leib wird es nicht sein,
 noch mein Leib
 Ein Paar, wie selten das ist
 der größte Teil der Zeit ist nur
 Suche,
 Männer und Frauen, Suchende,
 kein Paar.

Es hält uns nicht das ineinander verschränkt,
was du nicht nennen willst,
aus Angst es könne dich behexen und dein Leben
 in Frage stellen
das ganze Leben von hier an,
denn, wie du so richtig sagtest,
Liebe ist ernst,
ist Verpflichtung).

Da sind sie, auf der Leinwand
sehr ernst und beisammen
der Italiener und die Amerikanerin
lieben sich
während die Welt sich in Regen auflöst.
Ein weißes Pferd durchquert meine magische Stadt
gleich nach Einbruch der Nacht.

ZERZAUSTE BÄUME

Blaß blühen
blaß
die Eichen.
Blaß
beladen
ist mein Herz

In der Wunde der Zeitlichkeit
bewahre ich dich.
Ich beherberge dich in meinen Lungen
mit der Luft meines Atems.

Die elysischen Winde zerzausen
die Bäume.
Ich ziehe die Schuhe aus
und laufe barfuß durch die blassen Blüten
als ob so
ihr Staub die Kraft gewönne
die Bewegung zu halten
die dich herführt
mit der du mich rufst.

Berufen von den Winden
erhebe ich mich im Vulkan
lade dich ein in diese Welt
der Jaguare und Farne
in diese ausgegossene Welt

die schaut und sich hingibt
offen in Seen und dunklen Wegen
moosbewachsen
schauend
– schau, uns schaut die Welt,
 die Welt der Bäume –
Im Rhythmus der Roteichen
stellen sich Fragen.
Ich verberge mich vor Faunen und Nymphen
der Kindheit die mich suchen
wieder und wieder
mit Flöten und verführerischem Lachen.

Ich verstecke mich im Vulkan
seufze Worte, die sich nicht lösen
 von meinem inneren Atem
Worte, die du entziffern müßtest
wie unerwartete Häute
plötzlich in Wimmern verwandelt.

Ich zeige dir den Gipfel.
Aus Blumen bereite ich duftende Feuer
Rauchsignale
damit du kommst
findest
berührst
blasses
beladenes
Herz.

ÜBERGANGSPROBLEME

Vielleicht dachten wir, wir wären nun nie mehr allein.
Paradiese zu träumen ist leichter als sie zu erbauen
      – auch nicht so schön –
Nun sitzen wir hier
und zählen unsere einsamen Nächte,
Zärtlichkeiten, die keiner empfing,
Küsse, die wir nur träumten,
ganz in Anspruch genommen von dieser kollektiven
                                          Liebe,
uns häutend
ohne Hautkontakt,
ein Prozeß, den wir schweigend erleiden.

Sie geben uns zu denken, diese neuen Kämpfe,
mit denen wir nicht rechneten,
diese innere Revolution
gegen die Lieblosigkeit welkender Blumen
und die Errichtung
nicht nur neuer Produktionsverhältnisse,
sondern auch neuer Liebesverhältnisse.

Über dieses Thema wird nie geschrieben.
Man sucht sich ganz allein seinen Weg
und irrt sich und beginnt von neuem.

Ich liebe einen Mann.
Und weiß, daß er mich liebt.

Doch große Einsamkeiten und Entfernungen die
                             meine Hand nicht erreicht
trennen uns,
und so lebe ich weiter,
lebe diese unwiederholbaren Tage
diese gradlinige Zeit,
die zum Ort führt, von dem niemand zurückkehrt,
sammle ureigenen Vorrat,
häufe Dinge, die ich ihm sagen will,
Lachen, das ich ihm lachen möchte,
halte eine Wolke, die verweht,
vulkanische Dämpfe im Magma meines Fleisches,
und hasse die Einsamkeit
wie Adam als er sehnsüchtig und allein umherirrte
im irdischen Paradies.

Gestern nacht

Gestern nacht erst
warst du wie ein nackter Kämpfer
der über dunkle Felsen sprang.
Ich, auf meinem Beobachtungsposten
in der Ebene
sah dich deine Waffen schwingen
und heftig in mich dringen.
Ich öffnete die Augen
und noch immer warst du ein Schmied
der den Funkenamboß schlug
bis mein Geschlecht explodierte wie eine Granate
und wir beide starben im Mondsplitterhagel.

Tanz der Furien

Ich will meinen erleuchteten Zorn singen,
mich von ihm freimachen
um dich lieben zu können
ohne daß jeder Kuß
meinen nackten Körper hinstreckte
auf den Opferstein.

Ich habe Männer geliebt, die schön waren,
gewalttätig, sanft, traurig oder einfach nur nett.
In allen habe ich den Mond gesucht,
das Wachsen und Vergehen, die Gezeiten.
Ich war ein offner Vulkan
und spie Lava,
eine Möwe im Flug dicht über dem Wasser.
Ich war eine Taube und nährte meine Jungen,
eine Löwin auf majestätischem Streifzug durch die
                                                           Wüste.
Ich bin auf wechselvollen Pfaden gewandert
und habe das Leben geschlürft und geschwitzt wie es
                                                           kam.
Ich habe stürmische Winter gesehen
und so trockene Sommer daß die Haut mit der Erde
                                                         aufbricht.
Ich habe die Welt nach Norden und Süden durchstreift
und bin geflogen auf allerlei mögliche Art.
Ich habe Tode erlebt
und sie geliebt unter Moos und Tränen.

Und doch stehe ich hier und baue
Wasserschlösser auf Sand,
stehe hier und tanze wie irr bildlose Spiegel.
Ein Baum, der zornig seine Blüten abwirft,
um nackt und allein zu sein am Abend.
Ich rufe einen Schwarm Zugvögel,
die sollen dich verfolgen im Weltall.
Ich knicke die Zweige der lodernden Welt
und reiche dir zum Trunk den Schweiß der Menge.
Ich verachte dich und streichle deine schwarzen
                                                Locken.
Ich schweige oder schwinge feurige Reden,
ich versuche es mit Weiberzauber und kalten
                              Argumenten der Wissenschaft.
Ich verschieße all meine Munition im Kampf gegen
                                      unsichtbare Feinde.

Eines Tages findest du aus dem Labyrinth
gehst durch friedliche Gärten, gefangen in Erinnerung.
Ich rase die Nächte,
und der Schatz meiner Unterseeschwalben
ist versunken im Tal wo der Hurrikan entspringt.
Barhäuptig jage ich durch Alleen
im fliegenden Lauf der Hirschkuh.

Doch einmal beruhigt sich mein Herz
das Schicksal und Spinnweben webt.
Einmal schütteln mich Erdbeben
die sanfte Städte gebären,
Landschaften gezeichnet in Schaum.
Eines Tages sterbe ich am Sterben

Ich hinterlasse Nachtigallen auf deiner Haut
und lasse Kletterpflanzen wachsen
rings um deine entfernten Nächte.
Die Spiralen der Zeit die entflieht
bringen dir den Duft der Azaleen,
die Frau die gegen Penelope sang
für einen tauben Odysseus.

GRENZEN

Ich erwache spät.
Warm ist deine Gegenwart nah an mir,
schlafend schläfst du undurchdringlich
und meine Hände wie Vögel
flattern umringen wecken dich
bringen dich zum Tag
und in deinen Augen ist etwas Fernes
etwas von anderen Ländern
von anderen Gärten
von anderen Menschen die uns eines Tages trennen.
In solchen Augenblicken werde ich traurig
denke wir fliegen in einer Wolke die langsam zerfließt
ich will dich berühren damit ich weiß du bist hier
will denken es gibt den Tag nicht an dem du gehst
doch es gibt ihn
und mein Blut weicht zurück vor der Gewißheit
künftiger Schmerzen.
Ich sah so viele Menschen gehen
so viele Menschen nahmen ein Stück Haut von mir mit
einen Klang meines Lachens
Fotos die langsam in meiner Erinnerung vergilben
Süße die meine Träume bewahren.
Jedoch
hinterlassen diese Lieben andere Vaterländer auf der
                                                                                          Haut
öffnen uns Grenzen
wir erlernen die Liebe anderer Völker

und fühlen uns weniger allein auf der Welt.
Durch diese Nächte und diese Morgen
bewohne ich deine Wolkenkratzer
und du die Heimat meiner Berge.

HALLUZINATION

Heute erwachte ich
ganz still als Poetin
und stellte mir vor ich könnte
mich einfach hinfließen lassen zur Liebe
wie ein träges Segelschiff spielerisch dem Winde folgt.
Ich könnte plötzlich da sein, eine Erscheinung,
das Klappern der Schreibmaschinen vergessen
das Telefon
die Zeit
und dich anschaun
als ob nichts auf der Welt wichtiger sei.
Diese Vogelgefühle machen mir Angst
weiß ich doch nicht wie weit die Stäbe des Käfigs sind
die ich manchmal in deiner Stimme spüre
wenn du mich zurückholst in die Wirklichkeit.

Weißt du denn, ob ich nicht an einem heimlichen
                                        magischen Ort
wo ein freundlicher gütiger Zauberer haust
den Kompaß finde
der mir den Weg weist zu deinem Herzen
und mich nicht irren läßt in dem Wald
wo der Kobold der hinter deinen Augen lebt
sein Häuschen hat mit Teekannen, Spiegeln und
                                        Zaubertiegeln?

Es gibt Tage, da füllen sich meine Arme mit Blumen

und meine Haut riecht nach duftenden Kräutern
und ich zerzause mein Haar, ziehe meine Schuhe aus
und denke, diese ganze Verrücktheit gefällt mir.
Du kannst dir nicht vorstellen wie sehr mir gefällt
Eva zu sein und dir meine Welt zu benennen
und zu beobachten wie du
mit diesem seltsamen Ausdruck
als ob du mich um den Schlüssel bätest
und gleich wieder zurückzucktest in die Vernunft
mit komplizierten Fäden knüpfst
was uns kitzelt
damit wir Telefon und Schreibtisch verlassen
die verschiedenen Planeten vergessen, die wir
                                          bewohnen
in freiem Flug aus dem Fenster schweben
– nackt wie übermütige Engel –
die Labyrinthe der Lebensrosen öffnen
die aberwitzigen Maschinen des Todes stoppen
und zur Mitte der Sonne gelangen
zur Mitte des köstlichen Wahnsinns
wo ein Kuß
alle Weisheit des unerforschlichen Universums
enthält.

Liebe in zwei Tempi

I
Mein Stück Süße von der Mandelschnitte
mein Specht gefiederte Schlange
Kolibri, der meine Blume schnäbelt meinen Honig
                                          trinkt
meinen Zucker schlürft mir die Erde berührt
Anturio die Höhle das Haus der Abenddämmerungen
der Donner der Meere Segelschiff
Legion von Vögeln Möwe im Tiefflug süße Mispel
Palme die meinen Beinen Strände gebiert
hoher Kokosmast, bebender Obelisk meines
                                          Untergangs
Totem meiner Tabus Lorbeer Trauerweide
Schaum an meiner Haut Regen Quelle
Kaskade in mein Bachbett Brunst meiner Umtriebe
Licht deiner Augen Brise auf meinen Brüsten
verspielter Hirsch in meinem Wald aus Geißblatt und
                                          Moos
Wächter meines Lachens Schutz des Pochens
Kastagnette Schelle Jubel meines Rosenhimmels
aus Frauenfleisch mein Mann du einziger Talisman
Zauber meiner wüstenhaften Blätter komm noch
                                          einmal
ruf mich drück mich an deinen Hafen der heiseren
                                          Wellen
Erfüll mich mit deiner weißen Zärtlichkeit ersticke
                                          meine Schreie
Laß mich aufgelöste Frau sein.

II
Glocken Geräusche Sirenengesang
los laß ich die Zügel galoppiere Gelächter
setze die Mauern aus dem Spiel
Staudämme fallen in Stücke ich springe grün
die Hoffnug blau der Himmel sonore Horizonte
die sich in Winden auftun mich hindurchzulassen:
»Gebt frei den Weg der Frau, die nicht die Strudel der
Liebe fürchtete, noch die Orkane der Verachtung«
Gesiegt hat der alte Jahrgangswein der rote der weiße
es kamen es keimten die Trauben mit ihrer weichen
                                          Haut
die Rundung deiner Finger du regnest auf mich
wäscht ab die Trauer erbaust wieder Leuchttürme
                                        Bibliotheken
alter Bücher mit wunderschönen Bildern
gibst mir den Grinsekater zurück Alice den Hasen
den verrückten Hut Schneewittchens Zwerge
den Matsch zwischen den Fingern den Hauch der
                                        Kindheit
du bist in dem Blitz am Fenster aus dem
der Baum entsteht, der Kreisel, die kleinen Tassen, ich
                              liebe dich, berühre dich
entdecke in dir den Hengst Kater Glühwürmchen
                                        Libelle
nackter Mann durchscheinend Trommel Trompete ich
                                        mach Musik
tanze stampfe entkleide mich umhülle dich du
                                        umhüllst mich
Küsse Küsse Küsse Küsse Küsse Küsse Küsse Küsse
Schweigen Schlaf.

Oktober

Im Oktober trifft mich das Los ohne dich zu sein.
Dann gürte ich dich schwängere mich von deiner
                                        letzten Hand
die Tür halboffen der Blick auf dem Bett
das Morgengrauen durch das du verschwandest
die Saat sätest auf meiner Haut Samen deines Namens
du gehst und kehrst wieder erscheinst zuweilen in der
                                          Nacht
ich sehe dich nebelhaft in den Fenstern des Traums
ich höre dich von weitem etwas sagen
Tage an denen du mich nicht hattest
Blicke die du mitbringst
wenn ich den Schlüssel drehe im Schloß
und deine Gesten finde die Unordnung die Klingeln
und du mich entschwängerst der gefangenen Bilder
                                          entledigst
der Tag mit einer Sonne von beiden
die Nacht mit dem runden Mond
die Tinte aller Geschichten
die du schreibst die ich schrieb Gipslandschaften
                                          Küsten
Riffe gewürfelte Tischdecken meine Hand in deiner
                                          Hand
tickende Uhr in meinem Bauch Kirschen Erdbeeren
süße Früchte heißer Sirup
ich stimme die Umarmung im Dreieck ziele die Küsse
warte die Tür die Hand die Augen spreche
die Rückkehr.

Ein Rest Angst

Ich dürfte nicht traurig sein.
Ich dürfte nicht heute
erste Winterregennacht
Trübsal blasen.

Wenigstens müßte ich begreifen
wo das Band riß
wo der Vogel einschlief
welcher der Deiche durchlässig wurde für Tränen.

Es ist wahr, ich schlafe allein
es ist wahr, ich hasse die einsamen Nächte
die gedachte Umarmung leer auf den Laken.
Doch du gingst nicht für immer.

Im Gegenteil:
aus der Ferne fürchtet deine Stimme nicht mehr die
                                                   Liebe zu nennen
sie zu buchstabieren in all ihren Tönen
es ist ja beschlossen, wir erleben die Stürme
                                                   gemeinsam
in der kleinen Arche der Sintflut
du mit deinen Tieren
und ich mit den meinen
und diese Trennung ist nur der Übergang
Zollformalitäten
und nicht die völlige Dürre der Wüste

nicht der eisige Atem der Einsamkeit.
Vielleicht ist darum diese Traurigkeit
reine Verschwendung.

Und doch ist diese Zeit wie reife Frucht in meinen
                                                Händen
und die Tage füllen sich mir mit vielfarbigen Geweben
und ich lebe eine Spanne Zeit voll von mir selbst
und darin bist auch du.

Vielleicht verschwören sich die Hormone
mit den Phasen des Mondes,
mit dem Wechsel der Jahreszeiten,
hautnahes Fühlen ist ein Ding
und vernünftiges Denken ein anderes,
oder vielleicht erlaube ich mir nicht glücklich zu sein,
jetzt da der Tisch gedeckt ist
und das Warten auf dich nur eine Frage der Zeit,
ein Rinnen der Stunden, ein Weichen ihrer Dichte
bis zum Schnittpunkt der Umarmung.

Darum
anstatt zu sagen ich vermisse dich
obwohl ich dich vermisse
bilde ich Worte wie kleine maunzende Katzen,
die heulen die Nacht an
die dunkle Seite meines Blutes, unverstanden
den Schoß meiner Mutter, nach dem ich mich sehne
vielleicht schon seit langem.

Darum denke ich:
Morgen zerblase ich den Nebel
und putze die Sonne,
morgen vergesse ich die Angst
fürchte nicht mehr die einsamen Strecken
noch das Erwachen ohne Dach.
Ich verscheuche die gespenstischen Wolken
das Kreisen des Todes,
morgen gebe ich zu daß ich glücklich bin
ganz einfach glücklich.
Ich verliere die tiefe Angst
vor dem Glück.

Mai 1986

KLEINE SCHULE DER EROTIK

Einen Körper bereisen in der Länge und Breite
Heißt die Welt umsegeln
Heißt ohne Kompaß die Windrose durchqueren
Inseln Golfe Halbinseln flutumspülte Deiche
Es ist nicht leicht – aber lustvoll –
Denk nicht es könnte an einem Tag gelingen
       oder in einer Nacht ausgebreiteter Laken
Die Poren bewahren Geheimnisse
       für die es viele Monde braucht.

II
Ein Körper ist eine Himmelskarte
       verschlüsselter Zeichen
Du findest einen Stern dort mußt du vielleicht
                           beginnen
Oder den Kurs wechseln wenn Windwolke und
                      dunkles Heulen
Dich schaudern läßt
Oder unverhoffte Höhlung der Hand

III
Gehe immer wieder die gleiche Strecke
Finde den Seerosenteich
Streichle mit deinem Anker die Mitte der Lilie
Tauche ein ertrinke vergehe
Versage dir nicht den Duft das Salz die Süße
Die tiefen Winde Haufenwolken Nimbus der Lungen

Nebel im Hirn
Zittern in den Beinen
Meerbeben schläfriger Küsse

IV
Dringe ein in den Humus ohne Eile
        ohne Angst vor dem Ende
Suche nicht den Gipfel
Verweile vor der Tür zum Paradies
Wiege deinen gefallenen Engel
Streichle ihm das Haar mit dem gestohlenen
                              Feuerschwert
Beiße in den Apfel

V
Scherze
Schmerze
Tausche Blicke Speichel tauche unter
Winde dich schluchze schlüpfrige Haut
Fuß Fund am Ende der Beine
Verfolge ihn suche Geheimnis der Schritte Form der
                              Ferse
Bogen des Schreitens Buchten gebogener Ballen
Schmecke ihn

VI
Lausche Ohrmuschel wie Feuchtigkeit wimmert
Läppchen nah an der Lippe Klang des Atems
Poren erhoben getürmt zu winzigen Bergen
Schauderndes Fühlen der Haut aufständisch unter
                              Berührung

Sanfte Brücke zum Meer der Brüste
Flut des Herzens flüstere
Finde die Wassergrotte

VII
Durchquere Feuerland Kap der Guten Hoffnung
Segele hüpfend im Treffen der Ozeane
Durchschreite die Algen rüste dich mit Korallen heule
                                                            wimmere
Tauche auf mit dem Olivenzweig weine grabe
        verborgene Zärtlichkeit
Entkleide staunende Blicke
Stürze den Sextanten von der Wimper
Ziehe Augenbrauen hoch öffne Nasenflügel

VIII
Atme seufze
Stirb ein wenig
Süß und langsam stirb
Erlösche an der Pupille dehne die Freude aus
Knicke den Mast hisse die Segel
Biege ab in Richtung Venus
Morgenstern
– das Meer wie ein Quecksilberspiegel
Schlafe ein Schiffbrüchiger

Relativitätsgeheimnis

Manchmal erwache ich
und denke, das Geheimnis des Traums
wohnt hinter der angelehnten Tür
Seite an Seite mit der Unordnung des Zimmers
in dem der Morgen vergeht.
Ich bewege mich langsam vor den reglosen Möbeln
und warte auf die seltsamen Frauen mit den
                              wechselnden Gesichtern
das Geräusch ihrer schleppenden Kleider
die langen Schatten der Männer in den spiegelnden
                              Scheiben.
Fast höre ich die gelehrten Gespräche rings um den
                              Tisch
spüre den fahlen Schein der Kerzen.
Ich zwinge mich zur Arbeit
verweigere die Wahrnehmung des anderen
                              Universums das mich streift.
Wenn ich nur ein wenig die Tür öffne
läßt mich der Geruch der Fasane
die Angst vor der unmöglichen Realität der relativen
                              Räume
sie heftig wieder schließen
mit der Panik des Wissenschaftlers vor einem
                              schwarzen Loch.
Da ziehe ich es vor in den Lärm der Frühstücksteller zu
                              fliehen
und vorsichtig die großen Zimmer

zu versiegeln
in denen andere Zeiten
foppend
verstreichen.

Im Aquarium der Liebe

Unsere fischigen Körper
schlängeln sich einer am anderen.
Deine Wasserhaut schwimmt im Schlaf
neben der meinen
deine Schuppen leuchten im mondigen Licht
das einfällt durch die Ritzen
Durchsichtige Wesen schweben wir
hineingeworfen in das Wasser unseres vereinten
                                         Atems.
Die Flossen unserer Arme und Beine berühren sich im
                                         Morgengrauen
im Sauerstoff und der Wärme
die aufsteigt aus den weißen Algen
mit denen wir uns schützen vor Kälte.
An irgendeinem Punkt der Strömung
finden wir uns
glänzende Fische nähern sich den offenen Augen
winden sich und beschnuppern die bebenden Kiemen.
Ich schnappe nach dem Angelhaken deines Mundes
werde wach
und verliere die Rückenflosse
den Schwanz der Sirene.

Im Keller

Übermäßige Lieben
Herzen wie grüne Bäume
oder Kamelkarawanen
gruben in mir
einen langen traurigen Tunnel.
Wie der Dunst feuchter Keller
voll gestapelter Weinfässer
zerschneidet der Hauch der Traurigkeit
die Luft
und hüllt mich ein in seinen Atem.
So kommt es daß ich manchmal
den netten Menschen verlasse
den ich meistens häuslich bewohne
und mich in eine Frau verwandle
die ihre Kleider zerreißt
im Schatten.

FEUERSCHWERTER TRÄUME UND ÄPFEL

*Das Leben lebt sich selbst, ob uns das
gefällt oder nicht.
Die Hoffnung gehört dem Leben, sie ist das
Leben,
das sich verteidigt.*

**Julio Cortazar, Rayuela
(Etienne, Kapitel XXVIII)**

*Man vergißt, daß Zutaten wie Steinchen
und Schuhspitzen vonnöten sind, um in den
Himmel zu gelangen.*

**Julio Cortazar, Rayuela
(Etienne, Kapitel XXXVI)**

Nicaragua Wasser Feuer

Regen tropft Wasser auf Blätter
Wind wirbelt Röcke
Schlamm trägt Stämme
Bäume malen Sternen Blutlachen
es geht um Eintagegrenzen
und es gibt keine andere Wahl als den Kampf
hinter Regenvorhang schreibe ich Finger auf
                                        Abzugshähne
große Kriege
Schmerzen unendlich wie Mutteraugen
unaufhaltsame Regen triefend
kommen die todkalten Kinderkörper
steigen herab von den Bergen die Kämpfer
mit ein paar Matten zurückerobert vom Gegner
wir essen wenig, es gibt wenig, wir müssen alle essen
große weiße Hände wollen uns töten
doch wir bauten Krankenhäuser Betten
in denen Frauen Geburten schreien
Herzen hämmern den ganzen Tag
tum tum tam tam
Indiovenen wiederholen Geschichte:
Unsere Kinder sollen keine Sklaven sein
Blumen brechen aus Särgen
niemand stirbt in Nicaragua
  Nicaragua meine Geliebte, meine vergewaltigte Braut
steht auf und richtet den Rock
läuft dem Mörder nach verfolgt ihn

Berge hinauf und Berge hinab
sie kommen nicht durch
        zwitschern die Vögel
sie kommen nicht durch
        sagen die Liebespaare die sich lieben
die Kinder machen Brot machen Gräben machen
Uniformen machen Einberufungsbriefe schreiben
Nicaragua meine Geliebte, meine schwarze Miskita
                Suma Rama Braut

Maienbaum in der Perlenlagune
Sturmwind im Flußtal des San Juan
sie kommen nicht durch und es regnet auf die runden
                          Hüte
sie verfolgen die Spur der Bestie
lassen ihr keine Ruhe stellen sie
reißen sie aus der Brust des Vaterlandes
rotten das Unkraut aus
lassen nicht zu daß es Wurzeln schlägt
denn wir wollen Mais Reis Bohnen
wollen die Samen wachsen sehen auf dem Land wo
Bauern in hölzernen Kästen
Besitzurkunden der Landreform hüten
sie kommen nicht durch die Teufel
mit ihrer frohen Botschaft der Amnestie
für alle die Ranchos brennen sahen
und Nachbarn ermordet vor Frau und Kindern
Nicaragua mein Mädchen
tanzt kann lesen spricht mit den Leuten
erzählt seine Geschichte reist
in Flugzeugen und erzählt seine Geschichte
reist durch die ganze Welt mit seiner Geschichte

redet zungenfertig in Zeitungen unverständlicher
                                            Sprachen
schreit ereifert sich diskutiert
wer hätte gedacht wie es sich Gehör verschafft
was es aushält
Flugzeuge Minen Piranhas und Bomben
Verwünschungen auf englisch
Reden über demütiges Köpfesenken
und es will nicht reißt sich los rennt
und voran der General und der Hügel
und die reaktiven Raketen
die grünen Kolonnen im Vormarsch roden
bauen Zuckermühlen Häuser Schulen
kleine Jungen erzählen ihre Geschichte
kommen humpelnd aus Hospitälern
nehmen Busse und kehren zurück an die Nordfront
schütteln die Angst ab wie Wind
dafür wurden wir geboren
dafür lachen wir
zwischen den Zähnen Hoffnung und Zorn
sie lassen uns nicht wir lassen sie nicht
weder bei Tag noch bei Nacht
ein Land klein aber tapfer
Nicaragua schleudert verwegene Lanzen
Viehweiden in Chontales wo Nadine
von Ackergäulen träumt
wir alle träumen wie ein Wasserfall
wir haben eine Traumfabrik
mit Serienträumen für die Zögernden
hier kommt keiner davon ohne Kratzer am Gewissen
niemand bleibt ungeschoren

Land der Verrückten Erleuchteten Poeten Maler
strahlende Lichter Ballettschulen
internationale Konferenzen Sitzungssäle
Fleisch und Blut von Menschen die handeln und sich
                                                                               irren
und es noch einmal versuchen
hier ist alles in Bewegung schwingen
Hüften tanzender Frauen
zur Musik der Lebenslust im Angesicht von Mumien
die vom Tod sprechen als wären sie
auf eine Rückfahrkarte ins Leben abonniert
und auf gedruckten Blättern den Abend mit Lügen
                                                                                füllen
wie frustrierte Jungfern
voller Neid auf das Mädchen das sich wiegt und
                                                                             wirbelt
und ein Auge riskiert und Tamales und Gemälde
                                                                            verkauft
und zur Miliz geht und im Park spaziert
und die Liebe erfindet
und die Malinchen erblühen läßt
und sich versteckt um Verwirrung zu stiften
   und einherschreitet zwischen gesenkten Bajonetten
und zaubert und feiert und betet
und an den Tod und das Leben glaubt
und Feuerschwerter schwingt
damit keinem eine Wahl bleibe
als das Paradies auf Erden
oder Asche
freies Vaterland
oder Tod

Bruder Soldat

Welches Gedicht erreichte dich,
Bruder,
Kämpfer,
Schützer unserer Grenzen;
wie,
mit welchen Worten könnte ich
dein Gesicht singen,
gemeißelt von Regen, Sonne und Hoffnung
wohin dein Herz stellen
das fürs Leben schlägt
selbst wenn es aufhört zu schlagen;
wie dir eine Umarmung zuwerfen,
Liebesgranate aus Worten,
wie dir sagen wie meine Seele erzittert
wenn ich dich denke,
deine schlaflosen Nächte,
deine anstrengenden Märsche,
deinen hellen Blick
wenn du umsorgst und behütest
die Sonne und den Mond unseres neugeborenen
                                        Himmels,
verliebt in die Freiheit.

 Es ist Nacht, Bruder, und du häufst Wache auf Wache
während ich hier versuche, dir ein Gedicht zu
                                       schreiben,
das unmöglich diesen Berg Liebe faßt,

den ich dir schicken möchte, Liebe und Wärme,
vielleicht Freudentränen,
weil unser Land voll ist von Männern und Frauen wie
                                                                            du,
Geschosse mit Seele,
Kugeln mit Herz,
Ahnung einer Zukunft ohne Haß,
ohne Raubvögel, ohne Mörder,
die Leben zerstören um Reichtum zu häufen
oder ein Stück Welt zu bewahren,
das ihnen nicht gehört.

Ein Kind schläft an meiner Seite
während ich schreibe,
ein kleines Kind, und es singt schon deine Lieder
und kennt deine Parolen,
und eines Tages, Bruder,
wenn es groß ist und glücklich,
wird es wissen
wieviel von diesem Glück es dir verdankt,
dir, der du wachst
diese Nacht
in den Bergen.

Kampfmonat Mai

Dieser Mai kam über uns
mit Malinchenblüten und Blut,
dieser Mai voller Mörder und Fallen,
voller Zukunft erkämpft mit Feuer und Blei
ein Mai voller Schrecken und Blumen.
Doch es wächst
hartnäckig
wie der unzerstörbare mächtige Ceibo
das Blut das wir säten,
der zärtliche Samen hungrig nach Leben.
Er wächst durch den mörderischsten Stahl,
getrieben vom Saft eines Volkes
das unwiderruflich die Stirnen erhob.

Sie wissen nicht, daß unsere Toten auferstehen,
daß sie nicht ihren Tod darbringen,
sondern Leben spenden,
noch daß zornige Fäuste Macheten schwingen,
die Tag auf Tag
unsere Felder vom Unkraut befreien,
damit wachsen und blühen und lodern
die roten Malinchen,
die wehenden Fahnen Sandinos.

Und es schliessen sich die Fenster der Villen

Die Händler kamen zum Tempel am Sonntag,
klopften an ihre Brust,
füllten mit Luft ihre Lungen
und verkündeten im Chor ihr Elend:
den angeblichen Verlust
ihrer uneinnehmbaren Güter.

Sie wurden umringt von denen,
die früher ihre Häuser umstrichen,
den Besitzlosen,
den Hungerleidern,
die das Land gewannen,
weil sie Blut und Tränen säten Jahrhundert um
                                              Jahrhundert
und jetzt ihre Fahne der Hoffnung schwingen
gegen die schlaflosen Verschwörer.

Sie umringten sie mit warnenden Mauern,
mit ihrem Hunger bauten sie Barrikaden,
ihre zerlumpten Kleider
sahen sie an und maßen die Kräfte.

Da gingen die Händler fort im Morgengrauen ...
        Wir hören noch das Echo ihrer Schritte,
        und es schließen sich
        die Fenster ihrer postumen Villen.

Alle zusammen

In diesen Tagen da ich auf dich warte
fahre ich morgens los, trete in die Fahrradpedale.
An der Straße hinter meinem Haus entsteht ein
                                      Wohnviertel,
rückt seine Holzbalken zu unregelmäßigen Mauern
                                                      zurecht.
Die Menschen, wenn ich vorbeifahre, frühmorgens,
holen Wasser aus einem Rohr, alle zusammen.
Sie sehen mich vorbeifahren und ich schaue sie an. Die
                  Burschen rufen, ich soll sie mitnehmen.
Dann fahre ich an einer Schreinerei vorbei da stehen
                                    grüne Schulpulte
vor der Werkstatt aufgetürmt.
Weiter unten ist eine Kirche und ein umzäunter Park
                              (ich frag mich warum)
Meine Beine werden müde und ich kehre zurück
nehm den Weg an der Turnhalle vorbei.
Der Mond versteckt sich hinter den Palmen
und taucht jeden Abend über dem Garten wieder auf.

Vor drei Tagen ist ein Flugzeug abgestürzt
Gestorben sind die Kleine von Doris, Hans, Marcos'
                                    Frau und ihr Töchterchen.
Ich trete in die Pedale und frage mich
und denke während ich Fahrrad fahre
wenn meine Zeit stillsteht, jetzt wo du nicht da bist,
was fühlen sie, die zurückgeblieben sind,

für immer losgerissen von der Zeit der Geliebten
– was Doris, schweigend mit ihrer dunklen Brille.
Eine Frau so ruhig und kraftvoll wie eine Roteiche
doch mit einem Herz wie die Eichenblüte
sie löst sich vom Zweig
die Menschen auf dem Gehsteig zu begleiten.
Doris, die von Carlos träumt, der seine Tochter im
                         Reich der Träume empfängt.
Carlos, Ricardo, Doris Maria sprechen über Doris,
umarmen sie im Wind des Sommers.
Doris Maria, wir lieben dich Gefährtin.
Doris Maria, du bist wie die Erde,
wie die in Bronze gegossene Glocke
die sanft im Morgengrauen klingt
Weine Doris. Hab keine Angst in Tränen zu vergehen.
Du gehst nicht. Wir sind hier, dich zu schützen –

So schweigsam, daß wir manchmal an ihr
die Sünde des Vergessens begehen,
wir wachsen heran uns der Menschen zu erinnern
nur in Augenblicken der Trauer
als bräuchte das tägliche Leben
nicht auch Gesellschaft
und der alltägliche Mut Aufmunterung.
In Sachen Lieblosigkeit müßten wir Selbstkritik üben.
»Revolution ist eine Frage der Liebe.«

Ich weine hinter meiner dunklen Brille
wortlos schaue ich die an, die jeden Morgen
Wasser holen, alle zusammen.

Für Juan Gelman

Ich glaube, Juan,
wir sind
genau das was wir sind,
ein Mann und eine Frau,
und gehen wie alle anderen durch die Welt
mit einem leisen Fragezeichen
hinter den Augen
und offenen Händen,
wir suchen blaue Vögel,
Siege,
Beruhigungsmittel gegen Schmerzen,
Schatten, uns vor Tränen zu schützen,
Spiegel, darin zu schauen
einen Menschen der uns ansieht
mit unserem gleichen Lächeln,
mit unserer gleichen Zärtlichkeit
der uns aus der Einsamkeit vertreibt
ohne andere Sonnen als die liebe Sonne
die wärmt;
der uns von der Lebenswärme gibt,
die wir selbst in uns tragen,
der seine schönen Dinge zu den unseren legt:
die Revolutionen, die wir gewinnen,
die Hoffnung, die uns im Flug erhebt.
Geben und Nehmen
von Auge zu Auge
von Blut zu Blut.

Der uns beide verknüpft wie die Sonnenaufgänge
                                eines gleichen Landes,
der Freude und Trauer vermischt
und uns beide hinausführt unter Bäume
wie bockige Tiere
die Liebe wittern.

Ich glaube, Juan,
es gibt einen Spiegel,
der spiegelt uns beide
zur gleichen Zeit.

Die Träger der Träume

In allen Prophetien
steht die Zerstörung der Welt geschrieben.

Alle Prophetien erzählen
daß der Mensch seinen eigenen Untergang erfinden
                                                                             wird.

Doch die Jahrhunderte und das sich stets erneuernde
                                                                       Leben
haben auch ein Geschlecht der Liebenden und
                                            Träumer gezeugt;
Männer und Frauen, die nicht von der Zerstörung der
                                                    Welt träumten
sondern vom Aufbau einer Welt der Schmetterlinge
und Nachtigallen.

Von klein auf waren sie von der Liebe gezeichnet.
Hinter ihrer alltäglichen Erscheinung
bewahrten sie die Zärtlichkeit und Mitternachtssonne.
Ihre Mütter fanden sie, wie sie über einen toten Vogel
                                                        weinten
und später fanden sie dann auch viele von ihnen
                                                 getötet wie Vögel.

Diese Wesen haben sich mit durchscheinenden Frauen
                                                          gepaart
schwängerten sie mit Honig und Kindern, nach einem
                                                       Winter der

Zärtlichkeiten
die grünen Triebe.
So haben sich auf der Welt die Träger der Träume
vermehrt,
wild angefeindet von den Trägern geschwätziger
Prophetien des Untergangs.
Getäuschte, Romantiker, utopische Denker wurden sie
genannt
es hieß, ihre Worte seien alt
– und das waren sie, in der Tat, denn die Erinnerung an
das Paradies ist alt
im Herzen des Menschen –
Jene, die Reichtümer anhäuften, fürchteten sie
und schickten ihre Heere gegen sie,
doch die Traumträger liebten sich jede Nacht
und weiter sproß der Samen aus dem Leib derer,
die nicht nur Träume austrugen, sondern sie
vermehrten
und sie laufen und sprechen lehrten.

Auf diese Weise hat die Welt ihr Leben neu gezeugt
wie sie auch jene gezeugt hatte, die entdeckten,
wie die Sonne zu löschen ist.

Die Träger der Träume überlebten eisige Zeiten
in warmen Zonen jedoch schienen sie wie von selbst
zu sprießen.
Vielleicht hatten die Palmen, die blauen Himmel, die
Regenstürze
etwas damit zu tun,
wahr ist, daß, wie fleißige Ameisen,

diese Gattung nicht aufhörte zu träumen und schöne
                                   Welten zu bauen,
Welten von Brüdern, von Männern und Frauen, die
                                   sich Genossen nannten,
die einander lesen lehrten, angesichts des Todes sich
                                   trösteten,
einander heilten und umsorgten, sich liebten, sich
                                   halfen bei
der Kunst des Liebens und der Verteidigung des
                                   Glücks.

Sie lebten glücklich in ihrem Land aus Zucker und
                                   Wind
und andere kamen von allerorten, sich mit ihrem Atem
                                   zu füllen
und ihren klaren Blicken
und in alle Welt gingen jene, die sie kennengelernt
                                   hatten
und trugen Träume hinaus
träumten von neuen Prophetien
die sprachen von Zeiten der Schmetterlinge und
                                   Nachtigallen
in denen die Welt nicht als Hekatombe unterzugehen
                                   hätte
wo, im Gegenteil, Wissenschaftler
Brunnen, Gärten, erstaunliche Spielzeuge erfänden
um des Menschen Glück noch seliger zu machen.

Sie sind gefährlich – druckten die großen Pressen
Sie sind gefährlich – sagten die Präsidenten in ihren
                                   Reden

Sie sind gefährlich – murmelten die Künstler des
                                          Krieges

Man muß sie zerstören – druckten die großen Pressen
Man muß sie zerstören – sagten die Präsidenten in
                                          ihren Reden
Man muß sie zerstören – murmelten die Künstler des
                                          Krieges.

Die Traumträger kannten deren Macht
und wunderten sich also nicht
Und sie wußten auch, das Leben hatte sie gezeugt,
um sich vor dem Tod zu schützen, den die Prophetien
                                          voraussagten.
Und deshalb verteidigten sie ihr Leben sogar mit dem
                                          Tod.
Und deshalb legten sie Traumgärten an
und exportierten sie mit großen bunten Schleifen
und die Propheten der Dunkelheit verbrachten ganze
                                          Nächte und Tage damit
Pässe und Wege zu bewachen
auf der Suche nach diesen gefährlichen Transporten
die sie nie erwischen konnten
denn wer keine Augen zum Träumen hat
sieht Träume weder bei Tag noch bei Nacht.

Und in der Welt hat sich ein großer Austausch von
                                          Träumen entwickelt
den die Händler des Todes nicht stoppen können;
und überall sind die Pakete mit den großen Schleifen
gesehen nur von diesem neuen Menschengeschlecht

und der Samen dieser Träume ist nicht nachweisbar
denn er ist in rote Herzen gehüllt
oder in weite Umstandskleider
unter denen träumerische Füßchen die Bäuche
                              beleben, die sie tragen.

Es heißt, die Erde habe, nachdem sie sie gebar,
einen Regenbogenhimmel entfesselt
und Fruchtbarkeit in die Wurzeln der Bäume gehaucht.

Wir allein wissen, wir haben sie gesehen
Wissen, das Leben hat sie gezeugt
um sich vor dem Tod zu schützen, den die Prophetien
                                        verkünden.

Es geschah bei einem Sonntagsausflug an den Strand

Es regnete.
Wir dachten zuversichtlich:
Auf dem Weg klart es noch auf.
Am Strand wird Sonne sein.

An der Windschutzscheibe des Wagens wisch wasch.
Nebel an den Fenstern.
Bäume in weiße Laken gehüllt.
Nasse Menschen.
Kälte auf der Landstraße.

   – Wir wären besser im Bett.
   Der Horizont in Richtung Meer ist trüb.
   Laß uns zurückfahren und lesen und uns umarmen. –

Wir wendeten:
fuhren in Diriamba ein.
Das ganze Städtchen eingeschlossen
Geschützt vor Nebel, Nieselregen.

Durch das Wirrwarr von Straßen
landeten wir auf einem Rundplatz, unerwartet:
Ein Denkmal, Namen von Genossen.
Im Hintergrund der Friedhof.
Es sah schön aus.
Nebel besänftigte den Tod.

– Laß uns aussteigen. Hier war ich noch nie.
Ich möchte das Grab von Ricardo Morales sehen.
Die Erde ein wenig streicheln.
Ein paar Limonariablättchen für ihn hinlegen. –

Wir stiegen aus.
Mächtig die Gräber der Reichen am Eingang.
Ihre Engel weinten Regentränen.
Regen und Gräber, wir suchten Ricardo.
Wo kann Ricardo sein?
Und wir fanden Grabsteine von anderen:
Kämpfer, Väter, Brüder, achtzigjährige Nonnen.
Sogar eine orientalische Moschee mit diesem Epitaph:
»Hier ruht Ramón López
er starb jung
als Greis verkleidet.«
Wir dachten an den Tod.
Ich suchte deine Augen, Ricardo.
Die ich ein paarmal gesehen habe, unvergessen.
Die Augen Deiner Tochter, Doris Maria.

Wir haben dich nicht gefunden.
Wir kehrten im beharrlichen Regen zurück.
Es war, als hätten wir an deine Haustür geklopft und
                              dich nicht angetroffen.
Als hätte jemand gesagt, du seist außer Haus,
auf irgendeiner Versammlung.
Es war, als hätten wir erkannt, dein Grab gibt es nicht,
du bist unterwegs,
eilig auf den nassen Straßen,
bei der Arbeit, und stirbst nie.

Abschied in Kriegeszeiten

Du fülltest meinen Leib mit Freude.
Du erfandest mir jeden Tag ein Gedicht.
Du flochtest mir Schmetterlinge ins Haar.
Du prägtest dich in meine Haut
- schmerzende Wunde einer Liebe die geht –
und jetzt denke ich dich mit nassen Augen
und meine Venen fließen über
und mein Blut sucht dich.

Du bleibst bei mir,
Geliebter, Bruder, Kamerad.
Bei mir und wärmst meine Einsamkeit
und die harten Tage des Krieges.
Du steckst in meinen Knochen
wie eine sichere Kugel, die den Weg
in mein Inneres kennt.

Ich trage dich in meinen Kleidern,
in meiner Arbeitshose,
in der blauen Jacke,
im Schlafsack.
Ich trage dich wie ein Amulett,
wie Zauberstein gegen bösen Blick.
Ich halte dich wie meine ungeweinten Tränen,
jetzt, da nicht Zeit ist
noch Raum
zu weinen.

Work out

Wie der Athlet der zäh
trainiert für den olympischen Kampf
Muskeln spannt für die letzte Anstrengung
und am frühen Morgen im Schweißhemd
seine Runden dreht, die tägliche Leistung der Beine zu
                                                        prüfen
und immer noch schneller wird
und immer weiter hinausschiebt die Grenzen seiner
                                                        Kraft
so laufen wir durchs Leben.
Im Stadion der pünktlichen Tage
stimmen wir Muskeln ein deren Spannung
nicht meßbar ist bei Marathonläufen
noch an Gymnastikgeräten.
Wir trainieren Lungen für verhaltene Agressionen
und Augen die nicht blinzeln
beim Staunen der Enttäuschung.
Doch nie gelingt es uns
Gesichter ans Weinen zu gewöhnen
oder an den Schock bei der Entdeckung
unerforschlicher Labyrinthe der Kindheit.
Nie endet das Handwerk des Wachsens.
Wir denken
wir kennen uns, haben Angst
und Einsamkeit überwunden
doch es gibt Tage da es selbst schwerfällt
im morgendlichen Spiegel

die vertraute Farbe der Haut
als die unsere zu erkennen.
Wir trainieren, wir laufen Bahnen
im Morgengrauen
einsame Aschenbahnen
wo niemand sieht wie die Anstrengung schmerzt
immer weitere Grenzen zu stecken
um erschöpft aufzugeben kurz vor dem Ziel.
Niemand klatscht Beifall
oder springt aus den Sitzen
wenn dann noch der Salto mortale gelingt.
Der Stuhl des Schiedsrichters ist leer
kein erfahrener Trainer gibt tröstenden Beistand
im täglichen Seiltanz
bei dem wir versuchen
das Undurchsichtige der dunklen Seite unserer
                              eigenen Kleinheit zu löschen.
Nur die Haut kennt die Grenzen
dieser tapferen unvermeidlichen
Einsamkeit aller.

Zeichen im Sand

Laßt uns einmal die Frauen anhören
ihre Füße tanzen im Sand
hören wir sie an
Ruhe, ihr alle.

Diese mit den schleppenden Sandalen
und dem Blick auf den nassen Zehen
kommt aus der Fabrik,
sie trägt ein Tuch um den Kopf
die Maschinen dröhnen ihr noch in den Ohren.
In der Richtung ihrer Träume
springen Kinder über Tische und Stühle
wartet ein Haufen Wäsche
ungeputztes Gemüse
Töpfe die keine anderen Hände kennen als die ihren.
Diese hier vorn. Ja, diese junge im geblümten Kleid
mit den hohen Absätzen
den langen Fingern und den roten Nägeln,
sie kommt gerade aus dem Büro
müde vom ewigen Telefonieren
dem Kaffeekochen für Tassen aller Größen.
In der Richtung ihrer Träume
wartet ein Mann auf ihr Lächeln
und ein Haufen Wäsche
und ungeputztes Gemüse
und Töpfe die keine anderen Hände kennen als die
                                        ihren.

Und diese andere, die große
die im Gegenlicht wirkt wie ein Monument,
ihre Hände sind grob und kennen kein süßes
                                  Mandelöl.
Sie sind wie Erde. Krümelig. Tief.
Sie stand den ganzen Tag gebückt in der Sonne
und bepflanzte die Furchen. Das ist ihre Arbeit: das
                            Wachsen der Samen zu hüten.
In der Richtung ihrer Träume weinen Kinder
Kinder mit Gesichtern wie tönerne Krüge. Sie
                                      erscheinen
bei Vollmond. Und erscheinen immer weiter solange
                                        der Mann
abends heimkehrt vom Feld mit schmutzigen Hosen
                                    und Hunger und
Augen die sagen Feuer auf den Herd, Holz in die
Küche, Mais, Fladen, Tortillas.

Eine nach der anderen kommen die nächtlichen Bienen
mit ihrem heimlichen Honig.
Diese Frauen möchten Schmetterlinge sein und die
                                      Flügel ausbreiten
im sanften Raum am Ende des Tages.

Hören wir weiter.
Jetzt kommt der Mann mit seinem Bündel Arbeit,
er läßt es fallen vor der Tür.
Kein ungeputztes Gemüse wartet auf ihn
keine Töpfe die seine Hände nicht kennen.
Die Kinder schlafen.
Sie ist es, die vor die Tür tritt

und lächelt
die Frau mit dem Haufen Wäsche, dem ungeputzten
Gemüse, dem Herd und dem ewig müden Lächeln.

Hören wir weiter.
Laßt uns die Zukunft malen in den Sand
Mann und Frau zusammen
eine Welt ohne Teilung
eine blaue Welt mit einem heilen Himmel
in der die Liebe herauskommt aus den Betten und den
                                                  Parks
und zwischen die Töpfe kriecht, die Besen, die
                                                schmutzige
Wäsche, das ungeputzte Gemüse, die Staublappen und
                                               die Kinder.
Laßt uns eine Zukunft malen
in der Mann und Frau miteinander sprechen
und einander begleiten über die Haustür hinaus.
Ein Mann und eine Frau fröhlich auf der Straße am
                                               Sonntag
als ob sie zusammen geboren wären.
Laßt uns eine Welt malen in der auch das Kleine groß
                                               ist.
Laßt uns ein Haus malen so groß wie eine Fabrik
so groß wie der größte und tapferste Kampf.
Laßt uns die Liebe malen mit Riesenbuchstaben
einen Mann und eine Frau die sich lieben
und ihre Jungen mit der Liebe der Löwen.
Laßt uns einen leuchtenden Stern malen
einen Morgenstern
auf der Stirn der Menschen.

Laßt uns uns selbst malen in unseren Lieblingsfarben
in der Farbe des Friedens
in der Farbe des Morgens
der wogenden Farbe des Zuckerrohrs
der Farbe des Hauses das wir Heim nennen.
Laßt uns uns selbst malen
wie zwei Wirbelstürme die Hand in Hand
die Welt von neuem erfinden.

ZUSAMMENHANG

Draußen
kauert die Nacht
und wartet wie ein Tiger
auf den Todessprung durch das Fenster.
In diesem Raum wo ich unter Schmerzen
Worte entspringen lasse aus Luft
erstaunt mich die latente Gegenwart eines Kusses auf
                                  meinem Bein.
Niemand ist da nur mein Körper nur
mein Körper und mein Haar, ausgebreitet in Bildern.
Ich bin da und sie sind da
die stummen Frauen
geboren aus meinen Fingern
im Mondhauch entführt von der Nacht.

Frauen aller Zeiten wohnen in mir:
Isadora tanzt mit der Tunika
Virginia Woolf und ihr eigenes Zimmer
Sappho springt von dem Felsen
Medea Phädra Jane Eyre
und meinen Freundinnen
verscheuchen die Schwere der Zeit
schreiben sich selbst
schütteln die Schatten ab und gebären Profile
endlich bar aller Konvention.

Frauen tanzen im Licht meiner Lampe

klettern auf Tische halten flammende Reden
belagern mich mit ihrem Leben
den Zeichen auf den Leibern
dem Kindergebären
der Stille riechender Küchen
der Flüchtigkeit regloser Schlafzimmer.
Frauen riesige Monumente umringen mich
sagen ihre Gedichte singen tanzen finden ihre Stimme:
Ich durfte nicht Latein lernen. Ich konnte nicht wie
              Shakespeare
schreiben. Niemand erbarmte sich meiner Liebe zur
                 Musik.
George Sand: Ich mußte mich als Mann verkleiden,
                 schrieb
versteckt in einem Männernamen.
Jane Austen: Sie fügte Wort an Wort zu »Stolz und
                 Vorurteil«
in einem Schreibheft im Pfarrsaal
tausendmal unterbrochen von Besuchern.

Frauen finsterer Zeiten ergraut zärtlich
mit glänzenden Augen schweben auf mich herab
vergänglich unsterblich
lachen hinter Wimpern erfreut
über mein eigenes Zimmer
das saubere Häufchen weißen Papiers
die Bücherregale
die dicken Wörterbücher
die Aschenbecher voller Asche
den Rauch der Zigarette.

Ich betrachte den Wäscheschrank
die kleinen zarten Höschen und Hemden
den Einkaufszettel auf meinem Nachttisch
und sehne mich
nach einem Kuß auf meinem Bein.

Was ist.
Was hätte sein können.

Von der Frau aus die ich bin
betrachte ich manchmal die
die ich sein könnte.
Vortreffliche Frauen
ordentlich und nett
tugendhaft und sanft
wie meine Mutter mich wollte.
Ich weiß nicht warum
ich mein ganzes Leben gegen sie revoltierte.
Ich hasse ihre Bedrohung in meinem Körper
die Schuld die ihr tadelloses Leben
durch wer weiß welchen Zauber
mir einflößt.
Ich lehne mich auf gegen ihre guten Taten
ihre heimlichen Tränen nachts unter dem Kissen
wenn der Mann sie nicht sieht
die Reine ihrer Nacktheit unter der gebügelten
                                                Wäsche.
Diese Frauen
sehen mich an aus dem Inneren ihrer Spiegel
heben anklagend den Finger
und manchmal gebe ich ihrem Vorwurf nach
und suche die totale Anerkennung
möchte das liebe Mädchen sein, die anständige Frau
die gute Gioconda ohne Fehl und Tadel

mit einer Eins in Betragen
verliehen von der Partei, dem Staat, den Freunden,
meiner Familie, meinen Kindern und allen übrigen
                              Lebewesen
die unsere Erde so reich bevölkern.
Um diesen unsichtbaren Widerspruch
zwischen dem was ist und hätte sein können
habe ich viele tödliche Kämpfe gefochten
unnütze Kämpfe zwischen ihnen und mir
– sie gegen mich die ich ich selbst bin –
Mit schmerzender Seele raufe ich mein Haar
überschreite uralte Programmierung
und zerreiße die inneren Frauen
die seit meiner Kindheit mir die Augen auskratzen
weil ich nicht in das Maß ihrer Träume passe
weil ich es wage fehlbar zu sein, glühend,
empfindlich, eine Irre die wie ein Marktweib
sich begeistert für jede gerechte Sache
für schöne Männer und tanzende Worte
weil ich, erwachsen, die verbotene Kindheit lebte
zur Bürozeit auf Schreibtischen liebte
geheiligte Bande zerriß
und es wagte den gesunden schwellenden Körper zu
                              genießen
den mir die Gene aller meiner Vorfahren vermachten.
Ich gebe keinem die Schuld. Eher bin ich dankbar.
Ich bereue nichts, wie Edith Piaf schon sagte.
Doch in den dunklen Brunnen in die ich versinke
an den Morgen wenn die Tränen
in den kaum geöffneten Augen drängen
trotz des Glücks

das ich endlich gewann
indem ich Schichten und Ablagerungen
tertiären und quartären Gesteins durchstieß
sehe ich meine anderen Frauen versammelt im Kreis
ihre schmerzlichen Blicke

und fühle mich schuldig glücklich zu sein.
Die Geister kleiner Mädchen
tanzen im Kreis und singen ihre Ringelreihen
gegen mich
gegen diese Frau
die ein Mensch ist
eine Frau der Tat
mit Brüsten auf der Brust
und breiten Hüften
die Frau die ich, dank und trotz meiner Mutter,
nun einmal bin.

Anmerkungen für die Zeit des Alterns

Wenn du die Wahrheit wissen willst:
Ich möchte nie alt werden
und noch viel weniger sterben.
Es fällt mir schwer das Leben zu begreifen ohne
                                  Schönheit
mir vorzustellen wie mein Körper
nachgibt dem Newtonschen Gesetz,
zerfällt
sich welk seinem Ende neigt
und ich dies ertrage.
Ich denke an die Worte der weisen Frauen,
der Alten.
Sie sagen, das Leben öffne sich wie eine Allee
wenn endlich die Erfahrung die Mitte erreicht
und die Harmonie des Konzerts der gelebten Dinge
aufklingt
in der Dämmerung.
Doch ihre Worte überzeugen mich nicht.
Ich klammere mich an die Kurven meines Körpers
an die hellen Reflexe meines Fleisches
und erschrecke
über die ersten Zeichen der Zeit auf meinem Gesicht.
Noch kann ich sie verbergen.
Noch sind es keine unheilbaren Risse.
Doch das Schreiten der Tage bedroht mich.

Ich sage mir, ich werde mit einer anderen Schönheit
                                              lächeln
ich werde eine Großmutter mit Zöpfen sein
und vielen Märchen und Gedichten und Kuchen.
Doch ich täusche mich nicht:
Ich find's absolut nicht lustig.
Aber nicht ich
noch mein Wunsch
können die unerbittliche Richtung der Uhren
                                              verändern
oder mit Tränen der Erde verwehren
gehorsam um ihre Achse zu kreisen.
Ich sterbe wie alle.
Ich brauche mich auf mit meinen Erinnerungen
ich biete dieser Angst die Stirn
und erfinde gefällige Posen
wenn mein Gerüst verrostet und nachgibt
wenn ich mich stützen muß, eine Brille benutzen,
langsam gehen, den Blutdruck überwachen, das Herz
                                              stärken ...
Gewiß ist meine Stunde noch nicht gekommen
doch meine Geburtstage helfen mir nicht
meine jungen Töchter haben schon Frauenkörper
mein Sohn wächst ohne Erbarmen
und ich spüre zum ersten Mal den Drang
ein Gedicht zu schreiben wie dieses.

Der Mensch und das Universum

Wir verlassen den hellen Raum der
                              Freundesgespräche.
Es ist Zeit zu schlafen, Stühle werden gerückt und
                              Gläser.
Die Paare gehn ihre Einsamkeit streicheln.

Komm – sagst du – und faßt meine Hand.
Wir laufen hinunter zum Strand, und der Himmel ist
                              das ganze Universum
das hellerleuchtete Universum:
die weißlichen Flecken der Milchstraße
das Kreuz des Südens im Wind.
Nie sah ich eine Nacht wie diese
klargezeichnet die Kontinente des Himmels
die Sternbilder schimmernd
die große Unbekannte der Unendlichkeit
in der dünnen Luft dieser tiefen
Nacht.

Du und ich
ein Mann und eine Frau
auf den Felsen
sehen Sterne sich lösen
und Meteore den Himmel durchtanzen.
Ich denke keinen Wunsch
– das ist mir zu kindisch –
ich betrachte nur still dies Geheimnis

aus nächster Nähe
tauche meine Hand in das Schimmern des Wassers.

Es wird kalt
und plötzlich sehe ich dich hoch auf den Steinen
höre Plätschern auf dem Sand.
Zwischen deinen Beinen
gleicht der Strahl goldenen Wassers
dem himmlischen Bogen
den die Sterne ziehen auf ihrer Bahn.

In einem Augenblick
rückt die Unendlichkeit zusammen
die furcheinflößende Herrlichkeit
wird heimisch vertraut.
Ganz ohne Zweifel befinden wir uns hier
sind ein Teil dieser Schönheit.

Völlig Rechtens
pißt du vor dem Universum.